| | | |
|---|---:|---:|
| Reports................ | 200,000<sup>f</sup> 00 | 1,666,128<sup>f</sup> 01 |

Du 22 avril 1879, pour obvier à l'insuffisance des ressources réalisées sur le budget de 1878. (Ratifié le 14 mai 1879.)........ **30,000 00**

Prélèvements autorisés par le conseil général pour les sommes ci-après :

Somme allouée par délibération du 7 mai 1877, pour équilibrer le budget de 1876.... **150,000 00**

Prix du second bateau-porte. (Vote du 15 décembre 1871.)................ **353,643 00**

Construction de deux coffres d'amarrage pour la rade de Saint-Pierre. (Vote du 4 décembre 1873.)................ **21,650 00**

Remboursement à la caisse d'immigration des dépenses indûment mises à sa charge et occasionnées par le rapatriement de deux convois d'indiens. (Vote du 7 décembre 1873.)................ 150,000<sup>f</sup> 00

Complément de la subvention votée en 1876, pour introduction de travailleurs.......... 170,842 00

            **320,842 00**

Payement au crédit foncier du solde des créances restant dues par divers. (Votes des 27 novembre 1873, 13 novembre 1875 et 2 mars 1877.)................ **185,565 00**

Achat d'une maison de retraite pour les frères de Ploërmel. (Vote du 7 décembre 1874.)................ **20,000 00**

Achat d'un matériel pour le service sanitaire. (Vote du 17 décembre 1874.)........ **15,000 00**

Réparation des murs extérieurs du bassin de radoub. (Vote du 13 novembre 1875.).. **12,500 00**

Secours aux victimes de l'ouragan du 9 septembre 1875. (Votes des 12 et 13 novembre 1875.)................ **105,988 74**

Secours aux inondés du Midi. (Vote du 7 août 1875.)................ **100,000 00**

Agrandissement de la prison centrale. (Votes des 13 novembre 1875 et 11 novembre 1876.)................ **27.600 00**

Achat de l'évêché. (Vote du 4 novembre 1876.)................ **70,000 00**

Exhaussement des bâtiments de la maison d'arrêt de Saint-Pierre. (Vote du 10 novembre 1876.)................ **30,000 00**

Subvention à M. Codé, ingénieur chimiste. (Vote du 3 janvier 1877.)................ **6,000 00**

Frais de rédaction des procès-verbaux de la session extraordinaire du conseil général

| | | |
|---|---:|---:|
| A reporter.............. | 1,648,788 74 | 1,666,128 01 |

Reports...................  1,648,788ᶠ 74   1,666,128ᶠ 01

du mois de janvier 1877. (Vote du 3 dudit.).....................  200ᶠ 00

*Idem* de mai 1877. (Vote du
9 dudit.).................  500 00

Allocation à un sténographe.
(Vote du 9 dudit.)..........  100 00
                                          800 00

Subvention au théâtre de Saint-Pierre.
(Vote du 3 janvier 1877.)...............  15,000 00
                                                          1,664,588 74

Reste disponible au 1er octobre 1879................  1,539 27
auquel il y a lieu d'ajouter les excédants de recettes ré-
sultant du règlement définitif des comptes des exer-
cices : 1877.....................  4,306 14
        1878.....................  15,972 28
                                          20,278 42

                                          21,817 69

Le montant de trois inscriptions de rentes 3 pour 100
sur l'État représentant, au cours actuel, un capital d'environ...........................  800,000 00
Le montant de 41 actions de la banque de la Martinique valant aujourd'hui.....................  49,200 00

Total des ressources de la caisse de réserve.....  871,017 69

CERTIFIÉ :
Fort-de-France, le 23 octobre 1879.

*Le Chef du 5ᵉ bureau,*
Signé J. DEPROGE.

Cette situation est claire et nette et constitue un argument
irréfutable en ma faveur, puisqu'elle indique, date par date,
chacun des votes de crédit qui ont autorisé l'emploi des fonds.
Chaque année, d'ailleurs, un état analogue a été publié, tant
dans l'exposé des motifs du projet de budget qu'à l'appui du
compte de l'exercice précédent. Le conseil général aussi bien
que le pays, a donc été constamment éclairé sur l'avoir de la
caisse de réserve, dont on a pu suivre, d'année en année, la
diminution progressive. — En consultant ces documents officiels
et publics, il eût été facile de se convaincre que les 350,000 fr.
votés pour la fondation d'un lycée ont été dûment réservés par
l'administration jusqu'au moment où la représentation locale en
a disposé pour des dépenses qui lui ont sans doute paru plus
urgentes.

Qui donc, après cela, pourrait croire que le Directeur de

# CONSEIL GÉNÉRAL DE LA MARTINIQUE.

## SÉANCE DU 13 NOVEMBRE 1879.

---

## DISCOURS PRONONCÉ PAR M. DE SAINT-PHALLE,

### DIRECTEUR DE L'INTÉRIEUR.

A la dernière séance, il m'a été demandé compte de ma gestion comme chef d'administration; le mot d'acte d'accusation a été prononcé. Ai-je besoin de faire observer tout d'abord qu'il n'appartient pas à un conseil général de demander compte de ses actes à un fonctionnaire qui tient son mandat du Président de la République et qui n'est justiciable que de ses chefs hiérarchiques ? Je fais donc toutes réserves sur ce point qui sera examiné en temps et lieu sous le rapport de la légalité.

J'aurais pu, par conséquent, me dispenser de répondre, mais j'ai tenu avant tout à produire des explications, non pas dans la pensée de convaincre les auteurs de la motion proposée contre moi, mais uniquement pour éclairer l'opinion du pays auquel je m'adresse et dans le jugement duquel j'ai pleine confiance. Les attaques dirigées contre moi et qui, d'ailleurs, avaient été déjà publiées, sont résumées dans cette motion, dans la note lue par M. Nollet en son nom personnel et dans les rapports qu'il a présentés comme président de la commission d'apurement des comptes. Je vais passer en revue les diverses imputations formulées contre l'administration de l'intérieur et qui rejaillissent naturellement sur le conseil général dispensateur des deniers de la colonie. Il suffit pour les réfuter d'opposer des faits et des chiffres exacts aux allégations généralement vagues et presque toutes erronées qui ont été articulées.

Je crois utile, en commençant, de déclarer que je vais parler sous ma propre responsabilité, et que je n'ai reçu dans cette circonstance aucune instruction de M. le Gouverneur intérimaire.

Les deux principaux griefs qui se renouvellent sans cesse et se reproduisent sous différentes formes, concernent la caisse de réserve et le déficit qu'il y a lieu de prévoir à la clôture de l'exercice 1879. Ils seraient de nature à laisser peser sur l'administration, aux yeux des personnes peu au courant des règlements financiers, des soupçons de dilapidation pour ne pas dire plus.

**La caisse de réserve,** comme chacun sait, a été créée « pour subvenir à l'insuffisance des recettes de l'exercice « et pour faire face aux dépenses extraordinaires que peuvent « nécessiter des événements imprévus. » Tel est le texte de l'article 99 du décret du 26 septembre 1855.

Dans la première hypothèse, l'administration a usé de cette faculté toutes les fois que cela était nécessaire, mais avec l'autorisation préalable du Gouverneur et sous la ratification du conseil général, ainsi que le veut le règlement financier que je viens de citer.

Dans le second cas, la représentation locale a exercé le droit qui lui est dévolu de puiser dans ce fonds de réserve, tant pour secourir les victimes de l'ouragan de 1875 et les inondés de la Garonne, que pour faire face à des dépenses d'utilité publique qui ne pouvaient être ajournées.

L'état de situation de la caisse de réserve depuis 1873 jusqu'à ce jour permet de se rendre un compte exact de l'emploi qui a été fait des fonds de cette caisse.

## CAISSE DE RÉSERVE.

### SITUATION DU 1er JANVIER 1873 AU 1er OCTOBRE 1879.

#### Recettes.

| | | |
|---|---:|---:|
| Avoir au 1er janvier 1873 | | 557,099f 11 |
| Versement de l'excédant des recettes : | | |
| De l'exercice 1872 | 249,594f 57 | |
| —————— 1873 | 338,287 61 | |
| —————— 1874 | 425,695 44 | |
| —————— 1875 | 55,079 21 | |
| —————— 1876 | 38,878 43 | |
| | | 1,107,535 26 |
| Reversement des sommes non employées sur le secours voté pour les victimes de l'ouragan du 9 septembre 1875. | | 1,473 64 |
| | | 1,666,128 01 |

#### Dépenses.

| | | |
|---|---:|---:|
| Prélèvement autorisé par arrêté du 31 janvier 1873, pour obvier à l'insuffisance des ressources au début de l'exercice 1873. (Ratifié le 25 novembre 1873.) | 100,000 00 | |
| Du 4 janvier 1877. (Ratifié le 26 octobre 1877.) | 100,000 00 | |
| A reporter | 200,000 00 | 1,666,128 01 |

l'intérieur a fait de ces sommes un emploi irrégulier et non jus-
tifié en les détournant, sans autorisation, de leur destination
première ? Qui ne sait que, pour qu'il en fût ainsi, il faudrait
supposer la connivence et la complicité du Gouverneur, du conseil privé, du trésorier, de l'inspection et du conseil général
lui-même puisqu'il est appelé chaque année à apurer les
comptes ? Il faut véritablement être bien peu initié aux règlements financiers pour venir aujourd'hui me demander compte
du million qui existait dans cette caisse en 1875. Une pareille
question dans la bouche d'un membre de cette assemblée a
lieu de m'étonner.

Au surplus, il n'est pas exact de prétendre que la caisse de
réserve soit entièrement épuisée. Cette caisse possède encore un
avoir très-important qui peut largement pourvoir aux besoins
éventuels de la colonie.

Ainsi que je l'expose dans le projet de budget de 1880, notre
fonds de prévoyance comprend :

1° En numéraire.......................... 21,817ʳ 69

2° Inscription de rentes 3 pour 100 sur l'Etat,
représentant au cours actuel un capital d'environ. 800,000 00

3° 41 actions de la banque de la Martinique
valant environ............................. 49,200 00

Total..................... 871,017 69

Je le demande, que reste-t-il, après cet exposé basé sur des
chiffres officiels, de ce monceau d'allégations accumulées autour
de la caisse de réserve ?

———

Passons maintenant à la question du *déficit de 240,000 fr.*
à prévoir sur l'exercice courant. Cette situation, dont je ne suis
pas plus responsable que de l'appauvrissement de la caisse de réserve, résulte de circonstances imprévues et s'explique facile-
ment par les causes suivantes :

1° Rejet par le conseil d'Etat des deux impôts nouveaux, votés
dans la session de 1878 (droit de tonnage, impôt sur valeurs
mobilières) et qui figuraient au budget des recettes
pour........................................... 160,000ʳ 00

2° Une diminution de plus de.............. 125,000 00
sur les droits à l'entrée des tabacs, par suite de

A reporter......... 285,000 00

Report..... 285,000'00

la surélévation de la taxe, ce qui a développé la
fraude dans une proportion considérable.

3° Un mécompte d'au moins............ ... 130,000 00
sur les droits à la sortie du sucre dont le prix,
estimé au budget à 22 fr. 50 cent., est tombé à 16
et 17 francs les 50 kilos.

415,000 00

Qu'y a-t-il donc d'étonnant qu'après une perte sèche de
plus de 400,000 francs dans les recettes, l'exercice en cours
soit menacé d'un déficit que j'ai évalué à 240,000 francs *au
maximum* et qui n'atteindra probablement pas 220,000 francs?

Lorsque nous avons fait le budget en session de 1878, qui
donc pouvait prévoir qu'une réunion de circonstances fatales
allait nous priver de ces ressources? qui donc pouvait prévoir,
du même coup, le rejet de deux impôts nouveaux, le mécompte
sur les tabacs et une baisse inouïe, excessive, comme on n'en
avait jamais vu sur le sucre?

Quelle est donc au surplus l'industrie locale, quelle est
donc l'exploitation agricole si riche ou si pauvre qu'elle puisse
être qui n'a pas ressenti les effets d'une crise financière pesant
si lourdement sur le pays depuis plus de quatre ans? Qu'y a-t-il
donc de surprenant que le budget de la colonie en ait éprouvé
le contre-coup?

Ces appréciations sont d'ailleurs conformes à l'opinion ex-
primée à cet égard par les deux rapporteurs de la commission
financière.

L'administration a eu soin, dès les premiers mois de l'exercice, en mai, de provoquer la réunion du conseil général en
session extraordinaire, dans le but principal de l'éclairer sur la
situation financière et de lui demander les moyens d'y remédier.
Comment peut-on raisonnablement l'accuser d'imprévoyance ou
d'indifférence? Le conseil n'a-t-il pas trouvé en elle le concours
le plus actif et le plus empressé pour l'aider à atténuer ce déficit
soit en ajournant, soit en réduisant des dépenses prévues au
budget? Comment peut-on raisonnablement lui reprocher de
n'avoir proposé au conseil aucune mesure efficace, alors que
toutes ses propositions ont été adoptées à la session de mai, et
alors qu'en consultant mon rapport sur le budget de 1880 on
peut constater que j'indique la vente d'une portion de nos titres
de rente comme moyen pratique approuvé par tous les esprits

sensés pour suppléer à l'insuffisance de nos recettes, ce qui est la première et principale destination de la caisse de réserve? (Art. 99 du décret du 26 septembre 1855.)

Les faits étant rétablis sous leur véritable jour, le Directeur de l'intérieur a le droit de décliner la responsabilité d'une situation qui est incontestablement le résultat de circonstances de force majeure, tout à fait exceptionnelles et qui défiaient toute prévision. S'il en est responsable, quelle est donc la responsabilité du conseil, lui qui a voté le budget?

Il ne faut pas oublier, d'ailleurs, qu'en matière de résolutions financières, ce ne sont pas les propositions du Directeur de l'intérieur qui sont discutées et mises aux voix par le conseil général, mais bien les conclusions du rapport que la commission financière propose à l'assemblée après un sérieux examen et une discussion approfondie.

Voilà donc le bilan si triste de nos finances, voilà donc l'abîme dont on veut nous effrayer : nous avons plus de 850,000 francs en caisse, nous sommes, après plus de quatre années d'une crise sans exemple, en présence d'un déficit de 200 à 220,000 francs; il suffit pour conjurer tant de dangers de réaliser quelques titres de rente, comme d'ailleurs cela s'est déjà fait en 1867 pour équilibrer le budget; il a été vendu des rentes jusqu'à concurrence de 100,000 francs. Il est plus nécessaire, encore, je ne crains pas de le dire, de rompre avec des errements funestes qui, loin d'avoir été conseillés, ont été combattus par l'administration et qui consistent à exagérer au dernier moment, pour équilibrer le budget des dépenses, certaines prévisions de recettes en forçant plus que de raison, soit le prix du sucre, soit le chiffre de sa production, soit le rendement de divers impôts. S'il est temps de réduire nos dépenses dans une certaine mesure, il est plus que temps de renoncer à ces pratiques qui ont amené tant de mécomptes dans le passé et qui n'ont pas permis depuis 1876 de réaliser des excédants de recettes à verser à la caisse de réserve.

Une autre allégation erronée est que nos routes sont perdues malgré l'importante dotation qui leur est consacrée. Ici encore il faut rechercher la véritable cause de cet état de choses. Tout le monde n'est-il pas d'accord pour reconnaître que nous traversons depuis dix-huit mois une période non interrompue de pluie et d'orages comme de mémoire d'homme on n'en avait vu à la Martinique? Cette seule circonstance n'est-elle pas suffisante pour expliquer toutes les dégradations survenues sur nos routes?

Le système des cantonniers, qui est si vivement critiqué aujourd'hui, fonctionne depuis trop peu de temps, et a été trop contrarié par la saison pluvieuse pour qu'on puisse le juger en toute connaissance de cause, et lui attribuer le mauvais état de la viabilité. Ce système a donné les meilleurs résultats dans tous les pays où il est appliqué ; et, en définitive, je n'ai pas besoin de rappeler qu'il a été adopté l'année dernière par le conseil général lui-même. J'ajouterai que c'est au moment où la colonie semble vouloir déjà l'abandonner que beaucoup de communes, et des mieux administrées, demandent l'autorisation de le mettre en pratique pour les chemins communaux.

Il n'est pas exact d'énoncer que nos routes sont perdues. Si par suite d'inondations continues quelques points ont été endommagés, on peut affirmer que la circulation n'est interrompue nulle part. Que le beau temps vienne à notre aide, et avant peu le mal sera réparé partout.

* * *

Je vais examiner maintenant les divers points relevés par M. Nollet, soit comme rapporteur de la commission d'apurement des comptes, soit dans la note dont il a donné lecture à la dernière séance.

Il a signalé dans son rapport sur les comptes de l'exercice 1876 de prétendues irrégularités. Personne n'a oublié, et le procès-verbal en fait foi, que j'ai répondu à la plupart des observations d'une manière que le conseil d'alors a certainement jugée satisfaisante puisqu'il a approuvé ce compte *à l'unanimité*. Néanmoins, le rapport ne m'ayant pas été communiqué d'avance, je n'avais pu suivre le rapporteur dans toutes ses critiques. Ainsi je n'avais pas répondu à ce grief : *plusieurs dispositions arrêtées par le conseil, modifiées sans son consentement*, grief plusieurs fois reproduit soit dans la motion de vendredi dernier, soit dans la note de M. Nollet.

On veut sans doute parler de crédits reconnus insuffisants en cours d'année. C'est là sans doute ce que l'on appelle mes funestes errements. Tous les ans l'administration soumet au conseil général l'état des prévisions qui lui paraissent insuffisantes pour faire face aux dépenses jusqu'à la clôture de l'exercice ; l'assemblée statue sur les excédants qui se sont produits ou qui sont à prévoir jusqu'au 30 juin de la 2ᵉ année ; elle autorise le directeur de l'intérieur à mandater les dépenses au delà des crédits inscrits par sous-titre en se renfermant dans la limite des allocations votées par article et à ouvrir, en cas de besoin, des crédits supplémentaires pour pourvoir aux excédants de dépense, sauf à en expliquer les motifs lors de la présentation du compte de l'exercice.

Il est facile de se convaincre, par les rapports déposés chaque année entre les mains du conseil général, que l'administration ne s'est jamais écartée de cette prescription réglementaire, et qu'à chaque session ordinaire elle a eu soin d'obtenir l'approbation du pouvoir qui a le droit de modifier les allocations précédemment votées. Il n'est donc pas juste de dire que les dispositions arrêtées par le conseil ont été modifiées sans son consentement.

Ce système employé depuis 1868, et qui par conséquent n'a pas été inauguré par moi, n'a jamais jusqu'ici soulevé de critiques. On conçoit d'ailleurs qu'il serait difficile de procéder différemment, vu l'impossibilité de fixer exactement un an d'avance le chiffre de chaque paragraphe et sous-paragraphe de dépense; il y aura toujours, quoi qu'on fasse, une certaine place à l'imprévu. Avant 1868, on opérait par voie de virements, ratifiés plus tard par le conseil; il est certain que le mode actuel présente moins d'inconvénients.

Ce ne sont pas ces légères modifications dans l'emploi des crédits primitivement inscrits au budget qui ont amené des excédants de dépense; car si quelques crédits ont été ainsi dépassés dans l'intérêt bien démontré du service (ce qui n'a pu se traduire que par de faibles sommes), d'autres, au contraire, n'ont pas été atteints; ce qui établit presque toujours une compensation.

**Augmentation du personnel.** Le rapporteur de la commission d'apurement a fait ressortir une augmentation de 410,000 francs sur le crédit du personnel en 1879 comparé à celui de l'exercice 1870. Lorsque j'ai fait mes réserves sur ce point j'étais convaincu qu'il y avait dans ce chiffre une confusion facile à démêler à l'aide des documents administratifs si j'avais eu le temps de les consulter. Depuis lors j'ai fait ce travail dont il résulte que dans cette somme de plus de 400,000 francs figurent :

1° Des dépenses déclassées du *matériel* et transportées au *personnel* pour une somme totale de *124,295 francs :*

Savoir :

| | |
|---|---:|
| Remises des comptables du trésor............ | 73,000<sup>f</sup> |
| Service sanitaire........................... | 13,700 |
| A reporter..... | 86,700 |

|  |  |
|---|---:|
| Report..... | 86,700ᶠ |
| Sœurs de la prison centrale................. | 9,750 |
| Rétribution des buralistes de la poste .......... | 15,000 |
| Logement de l'archiviste du conseil privé....,... | 1,200 |
| Frais de bureau des employés du télégraphe..... | 1,100 |
| Logement du chef du service des douanes à Saint-Pierre................................... | 2,475 |
| Indemnités aux médecins, aumôniers, infirmiers, etc., des prisons........................... | 4,470 |
| Solde du comptable du bassin de radoub........ | 3,600 |
| Ensemble............ | 124,295 |

2° Une augmentation sur le personnel de l'instruction publique par suite de l'établissement de la gratuité absolue des écoles, et qui se chiffre par....... 158,900

Le personnel proprement dit n'a donc bénéficié que de.................................. 127,307

410,502

dans lesquels le service des ponts et chaussées figure à lui seul pour 70,000 francs. Il ne faut pas oublier, en effet, qu'en 1870 l'entretien des routes était confié aux communes. Le service des prisons compte pour 20,000 francs, et la direction de l'intérieur pour 21,125 francs.

Abstraction faite des services réorganisés (ponts et chaussées, prisons), il n'est pas surprenant que dans une période de dix ans il se soit produit une augmentation sur le crédit du personnel; car dans tout service il y a des règles établies pour l'avancement, dont on ne saurait se départir sans décourager les employés. D'un autre côté, en vertu de l'assimilation avec le commissariat de la marine, le service de la direction de l'intérieur a été appelé à bénéficier, à deux reprises différentes, d'importantes augmentations de solde qui s'élèvent à environ 12,000 francs. Il est à remarquer au surplus qu'en France, depuis l'avènement de la République, le personnel de toutes les administrations est l'objet de la sollicitude des différents ministères qui en ont la direction, et les chambres elles-mêmes se montrent toujours disposées à accueillir les propositions tendant à améliorer la situation des employés en général. C'est ainsi que plusieurs millions ont été, depuis 1871, consacrés à l'amélioration des traitements de l'armée, de la marine et des différents fonctionnaires et agents des administrations civiles. En ce moment encore l'administration est saisie d'une proposition du Ministre de la marine demandant au conseil général une augmentation pour les agents du service actif des douanes, afin de les traiter sur le même pied que leurs collègues métropolitains, en faveur desquels il vient d'être alloué un crédit de 1,148,250 francs. Il en est de même de la pension de retraite qu'une loi récente vient d'augmenter dans de notables proportions.

En résumé, ces augmentations sont largement justifiées tant par l'ancienneté des services et l'élévation réglementaire de la solde d'Europe que par l'accroissement avéré du travail dans les différentes branches de l'administration.

Il a été question aussi d'*augmentations budgétaires* qui en effet peuvent être constatées depuis 1873. Je vais en donner l'explication qui établira que le personnel n'y figure que pour une très-faible portion. Je relève, en effet, dans le budget de 1879 les dépenses suivantes qui n'ont aucun caractère de personnel et qui constituent cependant des accroissements par rapport au budget de 1873 :

1° Augmentation en 1879 :

| | | |
|---|---:|---:|
| Immigration, introduction de travailleurs...... | 90,000 | 00 |
| Justice, frais de justice.................. | 65,000 | 00 |
| Instruction publique, écoles et subventions.... | 100,000 | 00 |
| Lazaret......................... | 13,000 | 00 |
| Hospices, subvention.................. | 32,000 | 00 |
| Bureau de bienfaisance................ | 12,000 | 00 |
| Aliénés......................... | 13,000 | 00 |
| Dépenses du conseil général............. | 4,800 | 00 |
| Travaux publics, routes et ports.......... | 180,000 | 00 |
| Ferme des spiritueux, 12ᵉ des communes...... | 10,000 | 00 |

2° Dépenses nouvelles :

| | | |
|---|---:|---:|
| Établissements thermaux................ | 18,000 | 00 |
| Théâtre de Saint-Pierre................ | 15,000 | 00 |
| Acquisition du Morne-Folie.............. | 3,000 | 00 |
| Allocation pour voyages du sénateur et du député. | 3,000 | 00 |
| Intérêts de la créance Brafin (crédit foncier).... | 3,000 | 00 |
| Prime pour le café.................. | 5,000 | 00 |
| Dépenses d'ordre. Remboursement aux communes des centimes communaux................... | 120,000 | 00 |
| Total................ | 686,000 | 00 |

En ajoutant à ce total les petites sommes que j'ai négligées ainsi que certaines dépenses qui figuraient au matériel en 1873 (comme par exemple les sœurs de la prison centrale) et qui ont été depuis inscrites au personnel pour plus de régularité, j'arrive sans peine à justifier pour plus de 700,000 francs sur les 800,000 francs d'augmentation qu'on ne saurait appliquer au personnel. Celui-ci n'a donc profité que de la différence, et le conseil général sait que le service des ponts et chaussées, par suite de sa réorganisation, a nécessité à lui seul une augmentation de plus de 54,000 francs depuis 1873.

**Gratifications.** De tout temps et bien avant mon arrivée dans la colonie, il a été d'usage de distribuer aux employés jouissant d'un traitement inférieur à 3,000 francs, le reliquat resté disponible en fin d'année dans chaque service sur les crédits respectifs affectés au personnel. Cette pratique a toujours été admise par le conseil général ; et il est même arrivé, en 1875 et 1876, qu'à défaut de reliquat disponible sur la dotation budgétaire, l'assemblée a voté des crédits supplémentaires pour gratifier les employés de la direction de l'intérieur, les ouvriers de l'imprimerie et le secrétariat du conseil général. Ce n'est que dans la session extraordinaire du mois de mai dernier qu'il a été fait des observations par un membre du conseil au sujet de ces libéralités ; et la représentation locale a adopté la motion que « l'administration « ne donnera aucune gratification aux employés du service local « sur les fonds du budget colonial ». Cette prescription sera strictement observée à l'avenir.

En ce qui concerne particulièrement une gratification de 800 francs attribuée à un inspecteur d'immigration, cette mesure de bienveillance a été prise sur l'ordre formel et écrit du Chef de la colonie.

**Atténuation d'une recette de 5,000 francs provenant du travail des détenus.** Il ne s'agit pas ici du produit du travail des détenus dans l'intérieur des prisons, mais de leur emploi par des services publics. Conformément à l'arrêté du 26 septembre 1863, le service employeur rembourse à la prison toutes les dépenses de vivres et d'habillement, à raison de 0'60° par journée de travail. La somme de 5,000 francs dont il est question représente le prix des journées des détenus mis à la disposition des services du port et du bassin de radoub en 1876. Le remboursement a été opéré suivant les instructions ministérielles du 15 avril 1856 et conformément aux articles 79 à 81 du décret du 26 septembre 1855 ; l'opération a été consommée au moyen de l'établissement de certificats de réimputation remis au trésor et ayant pour objet de déduire ces 5,000 francs des dépenses effectuées sur le crédit des prisons et de l'ajouter à celles affectées au compte du port et du bassin.

Lorsque la dépense est remboursée par un service étranger, le service local fait une recette effective ; quand il s'agit de services relevant d'un même budget, le remboursement ne donne lieu à aucune recette ; elle est considérée comme cession de chapitre à chapitre et régularisée par le certificat de réimputation.

Il n'y a donc rien que de très-régulier dans l'opération qu'on a cru devoir critiquer sans en avoir bien compris le mécanisme.

**Excédant de 9,269 francs sur les recettes de l'exploitation du bassin de radoub, employé pour les travaux.** C'est encore une assertion erronée et qui montre que son auteur n'a pas suffisamment examiné les documents qu'il avait en mains. Loin de réaliser un excédant de recettes, l'exploitation du bassin en 1876 a, au contraire, présenté un déficit.

Le budget prévoyait une recette de.......... 125,000ᶠ 00
Les recouvrements effectués ont été de........ 111,514 00

D'où résulte un mécompte de.............. 13,486 00

Comment dès lors aurait-on pu disposer d'un excédant de 9,269 francs ?

D'autre part, les prévisions de dépenses figuraient au budget pour........................................ 58,600 00
Sur lesquelles il n'a été dépensé que ......... 58,039 67

D'où il ressort un excédant de crédit de........ 560 33
La vérité est qu'il a été ouvert à tort un crédit supplémentaire à ce titre de.................... 9,800 00
et que lorsque l'administration s'est aperçue de l'erreur commise, elle a demandé l'annulation de ce crédit qui, avec le boni ci-dessus constaté, forme un total de........................................ 10,360 33

Nous voyons en effet, à la page 29 du Compte de 1876, une somme de 10,360 fr. 33 cent. figurer comme différence en plus des crédits comparés aux dépenses. Cette somme n'a donc pas été employée et les travaux du bassin, au lieu d'avoir été augmentés en 1876 par des ressources particulières, sont au contraire restés de 560 francs au-dessous des crédits ouverts au budget.

**Crédit voté pour 5 sous-chefs de bureau et absorbé par 3 sous-chefs.** L'explication est facile à donner : on voit en effet, à la page 66 du Compte de 1876, sous la rubrique *Direction de l'intérieur* :

|  | Nombre de journées. | Effectif moyen. | Montant de la dépense. |
|---|---|---|---|
| Sous-chefs de bureau...... | 1,800 | 3 | 20,640ʳ00 |

C'est par une erreur de copie qu'on a mis le chiffre 3 ; il doit être remplacé par le nombre 5 qui était bien l'effectif d'alors, comme le prouve la matricule du personnel, et qui correspond exactement à 1,800 journées, tandis que 3 sous-chefs n'en auraient fourni que 1,080.

M. Nollet reproche à l'administration d'avoir pesé sur le conseil pour l'exciter à la dépense, et demande qu'on lui cite une seule proposition de ma part engageant l'assemblée à entrer dans la voie des économies. Il est facile de lui donner satisfaction, et sans se livrer à des recherches rétrospectives, je citerai au hasard les faits les plus saillants qui me reviennent à la mémoire : n'est-ce pas grâce aux efforts de l'administration que, de 1873 à 1875, le conseil a refusé de voter *60,000 francs, 80,000 francs et plus* qui lui étaient demandés pour l'étude d'un chemin de fer, jugé plus tard d'une exploitation ruineuse ? N'est-ce pas également par suite des renseignements qu'elle a fournis, en faisant valoir des considérations de premier ordre, basées notamment sur les dépenses considérables qu'a entraînées, à la Réunion, la création d'un lycée, n'est-ce pas sur les conseils de l'administration que l'assemblée locale a abandonné le premier projet qu'elle avait formé et dont la réalisation devait coûter un million et demi, pour s'arrêter à la construction d'un *collège colonial*, qu'elle pourra fonder pour 3 ou 400,000 francs ? L'année dernière encore, n'est-ce pas l'administration qui a fait ajourner l'acquisition de terrains et de constructions que M. Coquelin proposait de vendre à la colonie pour l'établissement d'une succursale de la prison ? et à cette occasion, je ferai remarquer que c'est M. Nollet, lui-même, qui appuyait cette proposition auprès de ses collègues. (Voir page 108 du recueil des délibérations de 1878.) Loin de moi la pensée que, dans cette circonstance, M. Nollet ait cédé à d'autre préoccupation que celle de l'intérêt général. Ceci prouve tout au moins que ce membre reconnaissait l'utilité d'une prison en dehors de la ville. Comment expliquer alors qu'il reproche à l'administration le même projet, uniquement parce qu'elle proposait de l'exécuter aux Trois-Ilets?

Si l'on veut bien se reporter à l'énumération des différents projets qu'il félicite la majorité de l'ancien conseil d'avoir eu la sagesse de repousser, on ne saurait méconnaître qu'ils revêtent tous un caractère d'utilité incontestable. Ainsi : un hôpital au lazaret, la création d'une léproserie, l'agrandissement de l'entrepôt des douanes que l'assemblée elle-même avait réclamé à différentes reprises, la construction d'une aile au palais de justice, qu'il vous faudra bien entreprendre au moment où fonctionnera la loi sur le jury, etc. Ce sont certainement là des œuvres désirables ou profitables à la colonie. Qui peut donc blâmer l'administration d'avoir signalé les besoins du pays à ses mandataires, en proposant de les mettre à l'étude, et de voir dans quelle mesure il est possible d'y donner satisfaction? Est-ce donc de sa part de l'incurie ou de l'imprévoyance?

Quant à la création d'un service forestier qui n'a pas non plus échappé à la critique, personne ne peut douter des immenses ressources que procurerait à la colonie l'exploitation régulière de ses 15 ou 18,000 hectares de forêts qui sont aujourd'hui improductives. Dans un travail que j'ai fait moi-même et qui a été révisé par un inspecteur des forêts, je crois avoir établi d'une manière irréfutable que cette exploitation est susceptible de produire, après une période de deux ou trois ans seulement, un revenu annuel d'environ cent mille francs. Si j'ai soumis plusieurs fois à l'assemblée ce travail auquel j'ai donné tous mes soins, si j'ai insisté pour qu'il fût pris en sérieuse considération, c'est que j'ai toujours pensé et que je pense encore qu'une réglementation des forêts devait assurer à la colonie une branche nouvelle d'importantes richesses.

Il reste un autre grief articulé par M. Nollet et que je ne puis passer sous silence. Il reproche à l'administration de *n'avoir pas recouvré des sommes*; il ne précise pas quelle nature de sommes; certainement il ne s'agit pas de contributions directes, qui sont recouvrées, comme chacun sait, sous la responsabilité des comptables du trésor; il veut sans doute parler de quelques créances arriérées dues à la caisse d'immigration, et entre autres de celle de 1,800 francs dont M. Alexandre Nollet est débiteur depuis 1864. L'administration a fait toutes les diligences utiles pour opérer les rentrées; toutes les sommes recouvrables ont été encaissées ou sont garanties par des obligations, et s'il en reste encore absolument en souffrance, c'est qu'elle s'est trouvée impuissante devant l'insolvabilité de certains débiteurs auxquels, on ne saurait se le dissimuler, les combinaisons ingénieuses ne font pas toujours défaut lorsqu'il s'agit de se soustraire habilement à leurs obligations envers le trésor.

Le même membre a pu faire encore allusion aux soldes dus par d'anciens fermiers des spiritueux et dont beaucoup remontent à une époque antérieure à mon administration. Comme on le sait, ces créances reposent sur des immeubles qu'il est toujours pénible de faire vendre. Je reconnais que j'ai accueilli souvent des demandes d'atermoiement par suite de considérations que je pourrais faire connaître. C'est ici peut-être qu'on pourrait m'adresser le reproche de longanimité. Un des signataires de la motion dirigée contre moi n'aurait pas, en tout cas, le droit de s'en plaindre. Je puis au surplus affirmer que les intérêts de la colonie sont garantis. Depuis le commencement de cette année, les dossiers sont entre les mains de l'avoué du domaine et les gages seront réalisés à bref délai.

Je ne terminerai pas l'examen de la note à laquelle je réponds sans relever une erreur matérielle qu'elle contient à propos des excédants de recettes versés en fin d'exercice à la caisse de réserve, erreur qui serait de nature à laisser croire que ces versements ont diminué immédiatement après mon entrée en fonctions. Je vois, en effet, comme reliquat constaté par M. Nollet à la fin de 1874 le chiffre de 25,000 francs seulement, tandis que la somme réellement versée à la caisse de réserve sur cet exercice s'est élevée à 425,000 francs.

Tels sont les faits, grossis comme à plaisir et que je crois avoir réduits à leur véritable proportion, sur lesquels on s'est basé pour jeter le discrédit sur l'administration comme sur les actes de l'ancien conseil général. Car il n'a échappé à personne que la précédente majorité est accusée d'avoir abdiqué son droit de contrôle et de n'avoir pas consacré assez de temps à l'examen des questions budgétaires. Lorsqu'une assemblée a passé plus d'un mois à élaborer un budget dont la commission financière a déjà préparé tous les éléments, il est bien difficile d'admettre qu'on puisse lui adresser un pareil reproche, surtout si l'on considère que, dans la métropole, les conseils généraux des départements ne siègent guère plus de huit à dix jours.

Voilà plus de six ans que je travaille aux affaires publiques, de concert avec les représentants du pays. Pendant cette longue période l'accord le plus parfait n'a pas cessé de régner entre l'assemblée locale et l'administration, qui, toutes deux liées par une étroite solidarité et une communauté de vues, poursuivaient le même but, en consacrant toutes leurs facultés à la recherche du bien du pays. Cette entente durable, qui est aujourd'hui si sévèrement critiquée, a certainement produit d'heureux résultats; et il suffit de jeter un regard sur le passé pour constater d'importantes améliorations réalisées tant dans les divers services que dans les travaux publics. — Pour ne citer qu'un exemple, et sans parler des subventions aux communes, aux établissements publics, à l'agriculture pour introduction de travailleurs et de bien d'autres dotations de première utilité, n'est-ce pas à cet accord qu'est due la réorganisation de l'école des arts et métiers où les études ont été fortifiées de façon à produire des sujets plus capables qui forment aujourd'hui un noyau précieux où l'on recrute de bons contre-maîtres, des mécaniciens et même des conducteurs des ponts et chaussées? N'est-ce pas sous l'influence de cette entente cordiale qu'a été projetée la reconstruction et l'agrandissement de cette école si profitable pour une partie peu aisée de la population, et d'une utilité si véritablement démocratique?

Je ne crois pas me tromper sur le sentiment public, en présence de ce qui se passe. Pour mon compte, j'ai la conscience d'avoir largement rempli mon devoir. J'en trouverai le témoignage auprès de ceux qui m'ont vu à l'œuvre et qui ont pu constater si, à l'exclusion de toute autre préoccupation, je n'ai pas consacré tout mon temps et tout mon dévouement à la chose publique; si mes efforts n'ont pas tendu constamment à sauvegarder tous les intérêts dont j'ai charge; si je me suis jamais écarté des règles d'impartialité et de justice qui doivent présider aux actes d'un chef d'administration.

Cependant les signataires de la motion n'ont pas craint de me reprocher d'avoir inauguré de funestes errements, et, ce qui est plus grave, ils ont prétendu parler au nom du pays. — J'en appelle au pays! J'en appelle à tous les maires dont plusieurs font partie de cette assemblée; ils lui diront si ma sollicitude a jamais fait défaut aux intérêts communaux, s'ils ne m'ont pas toujours trouvé disposé à les seconder dans l'étude et l'exécution des projets utiles, si je ne me suis pas prêté avec empressement aux combinaisons financières propres à faciliter les constructions nouvelles, les conduites d'eau et autres ouvrages, si, par le soin que j'ai apporté à maintenir l'équilibre dans leurs budgets, ils n'ont pas vu prospérer leurs finances; ils lui diront si mon administration n'a pas été dévouée et profitable pour tous; ils lui diront si elle ne leur inspire pas confiance. Je suis certain que leur témoignage me sera favorable.

Le pays peut juger maintenant quelle a été ma règle de conduite, quels sont les principes qui ont inspiré mes actes. Dans le cours de ma carrière, je n'ai eu, je puis me rendre ce témoignage, qu'une préoccupation : me montrer impartial et juste pour tous ; et dans le conflit inévitable des ambitions particulières dont la lutte constitue la vie politique d'un pays, faire prédominer, autant qu'il a dépendu de moi, la notion de l'intérêt général que l'administration représente et qu'elle a pour mission spéciale de procurer.

C'est ainsi que j'ai cru qu'il convenait de servir le gouvernement de la République dont je tiens mon mandat. La République est le gouvernement de la France ; c'est celui que la nation s'est donné librement et par d'éclatantes manifestations de sa volonté souveraine ; je le sers avec honneur et loyauté sans jamais lui mesurer ni mon travail ni mon dévouement.

J'ai fini, Messieurs, j'en ai dit assez pour éclairer le pays ; c'est le seul but que j'avais en vue en prenant la parole. Votez maintenant, si bon vous semble, votre motion. Je proteste d'avance contre votre délibération, qui sera illégale. — Je la déférerai au conseil privé pour en faire prononcer l'annulation, conformément à l'article 13 du décret du 26 juillet 1854.

Comme représentant de l'administration dans cette enceinte, j'ai pour devoir de vous rappeler au respect de vos attributions légales, puisque votre président n'a pas cru devoir le faire.

Vous n'avez pas à vous constituer juges d'un fonctionnaire qui ne relève que du Ministre ; je n'accepte pas votre juridiction ; le pouvoir de qui je tiens mon investiture, et qui seul a le droit de me demander compte de mes actes, ne légitimera pas la nouvelle doctrine que renferme votre motion.

Il traitera comme elle le mérite une manifestation dont le caractère, le mobile et le but ne sont un secret pour personne.

Fort-de-France. — Imprimerie du Gouvernement.